CONVOI

ET ENTERREMENT

DE

CETTE INFORTUNÉE LOI

DE

JUSTICE ET D'AMOUR,

Innocente, malheureuse et persécutée, décédée dans la capitale le 17 avril 1827.

PAR UN CROQUEMORT

Du 11e Arrondissement.

REQUIESCAT IN PACE !!!!

PRIX : 30 CENT.

PARIS,

CHEZ LES MARCHANDS DE NOUVEAUTÉS.

1827.

CONVOI
ET ENTERREMENT.

DE

CETTE INFORTUNÉE LOI

DE

JUSTICE ET D'AMOUR.

IMPRIMERIE DE SÉTIER,

Cour des Fontaines, N° 7, à Paris.

CONVOI
ET ENTERREMENT

DE

DE CETTE INFORTUNÉE LOI

DE

JUSTICE ET D'AMOUR,

Innocente, malheureuse et persécutee, decedee dans la Capitale le 17 av.il 1827.

PAR - UN CROQUEMORT

du 11e Arrondissement.

REQUIESCAT IN PACE!!!

Paris.

A LA LIBRAIRIE THÉATRALE

ET ROMANTIQUE,

Palais-Royal, galerie de Bois, n° 207.

1827.

AVANT-PROPOS.

« Graces à Dieu et au Roi, nous
voilà débarassés d'un petit ogre,
que l'amour et la justice de son
père nous élevait à la brochette,
en attendant qu'il pût manger
tout seul. Quel bon père, que
celui qui faisait l'éducation d'un
si joli petit trésor, et sur lequel il
comptait pour soutenir la sainte
religion, la sûreté de l'état, la
morale publique et le bonheur
des familles. Que ses parens,
amis ou connaissances, parlent,
écrivent, dénoncent, invecti-

vent, pour leur propre compte, ceux qui ne voulurent jamais reconnaître la †légitimité de la naissance d'un tel enfant; tout leur zèle, tout leur dévouement est jugé et apprécié. Le véritable médecin du Royaume, le Roi enfin a parlé, et d'un mot le petit monstre a été jugé; il ne pouvait vivre plus long-temps : il était condamné. ...

En effet, le 17 avril 1827, sur les deux heures de l'après-midi une apoplexie foudroyante tua la *Loi d'Amour et de Justice* (noms de baptême donnés au cher enfant dès sa naissance), il débarrassa la famille *de la Presse*;

de l'espèce d'embargo qui l'offusquait.

Maintenant que les mêmes individus déjà dénommés contemplent la ville qui l'avait vu naître, et ils seront à même de juger de l'opinion du petit nombre de ceux qui n'avaient pas voulu être parrains d'une telle Fille.

CONVOI
ET ENTERREMENT

DE

CETTE INFORTUNÉE LOI

DE

JUSTICE ET D'AMOUR.

═══════════

Dans les premiers jours du mois d'avril, on remarqua des symptômes très-alarmans, dans la santé de cet infortunée loi, venue au monde (comme on sait avant terme), au commencement de janvier de cette année. Sa constitution semblait s'altérer depuis une certaine promenade, faite au Luxembourg. Malgré les représentations et les avis de son père putatif. Cet état de langueur dans un enfant chéri, avait affecté sensiblement ce bon père, et il était aisé de s'apercevoir que son imagination avait perdu son élan, sa voix n'avait plus de timbre.

Avant cette époque douloureuse, des phrases longues et périodiques sortaient à flots, de sa bouche, avec la rapidité des eaux du Rhône ou du Rhin. Tout-à-coup il ne dit mot; puis, lors-qu'on venait à l'interroger sur la santé de son enfant, au lieu de caresser les boucles onduleuses de cette chevelure, qui ornent le devant de son front, il ne faisait plus que se gratter le derrière..... de la tête.

De pareils signes n'étaient point équivoques, et un évanouissement subit survenu à sa chère progéniture, dans la matinée du 17 (dans ce même Luxembourg, dont la température lui avait déjà été si fatale), vint confirmer les tristes pressentimens qui se réalisèrent dans la soirée, au moment où une *étoile* nébuleuse commence à se montrer à la chute du jour. Le malheureux enfant n'existait déjà plus, quand cette triste nouvelle fut confirmée aux parents et aux amis de la défunte, par un *pilote* qui, ce jour-là, avait fait faire à son bâtiment, force de voiles pour arriver plutôt que ses confrères : il était porteur de la lettre de faire part.

Le lendemain 18, le corps du cher enfant fut conduit du Luxembourg, où il avait passé la nuit, à un grand hôtel, qui se trouve situé en face d'une certaine colonne, place Vendôme. Là, en présence d'un grand nombre de personnes, toutes amies, parentes ou attachées à l'auteur de ses jours, des docteur qui s'étaient constamment opposés, depuis sa naissance, au mode de régime de nourriture, que ses parents s'étaient entêtés à lui faire suivre, procédèrent à l'ouverture du corps.

Après un examen rapide, mais scientifique, ils reconnurent que cette pauvre loi était morte d'une indigestion de truffes, preuves irrécusables de la tendresse et de l'amour que son père conserva pour elle jusqu'à son dernier moment, en satisfaisant à tous ses désirs, à tous ses caprices. Dont procès-verbal.

Ensuite sur la demande d'un grand nombre de curieux qui

étaient accourus pour voir le corps de l'infortunée que la maladie avait entièrement défiguré; les docteurs procédèrent à l'autopsie du cadavre.

D'abord la tête donna lieu à une singulière remarque; c'est que la bosse de l'*amour* était très-apparente et que celle de la *justice* (; car, selon les docteurs Gall, cet organe se trouve toujours plus ou moins prononcé chez tous les sujets) était très-plate et pour ainsi dire imperceptible.

La contexture de la mâchoire était de même que celle des requins, et plusieurs numéros du

Constitutionnel et du *Courier Français* étaient restés intactes dans la gorge.

L'estomac contenait une forte partie de substances alimentaires qui n'étaient point encore digérées. Soumises à l'analyse, elles n'offrirent que *purée de truffes*, coulis d'écrevisses suprêmes à la financière, etc., etc.

Dans le bas-ventre on trouva (chose incroyable si on n'en avait été témoin) trois académiciens bien portants; mais cependant un peu changés par le séjour qu'ils avaient fait dans les intestins du cher enfant qui avaient bien pu les avaler, mais non les digérer.

Nota. Nous allions oublier de dire que quelques numéros de l'*Etoile* se trouvaient amassés dans les longs boyaux; mais ils étaient méconnaissables, et pour ainsi dire illisibles comme à leur ordinaire.

L'enfant avait des jambes qui ressemblaient à celles d'un satire, des mains longues dont les doigts étaient crochus et une queue frisée en trompette.

L'autopsie achevée, on mit le cadavre dans une barrique de vin de Malaga (sans doute pour le conserver), et le père de la défunté appliqua dessus son sceau avec de la cire à cacheter.

De là, le corps fut porté au temple (1) précédé et suivi d'un immense cortège, composé en grande partie de savants, d'hommes de lettres, de libraires, d'imprimeurs, de marchands de papiers, de brocheurs, etc., etc., de gendarmes et jusqu'à des chiffonniers.

Nous avouerons que nons trouvâmes peu convenable le ton et

____

(1) C'est une rotonde bâtie dans le quartier du Temple, qui sert de marché, et où se vendent toutes les vieilles friperies.

la contenance de la plupart des fidèles rassemblés pour assister à l'enterrement.

Une foule innombrable se promenait dans la place, afin de choisir les points les plus commodes pour assister à la cérémonie qui allait se faire. Nous remarquâmes que la majesté du lieu n'était pas aussi respectée qu'elle aurait dû l'être dans la circonstance. Ici, c'était un groupe de libraires étalagistes qui, chez le marchand de vin, faisaient d'avance l'oraison funèbre de la défunte; là, c'était un imprimeur *pressier* qui avait enfoncé jusqu'aux yeux son casque de papier sur la tête d'un des membres de la *société des bonnes lettres*, qui occupe une boutique, dans cet endroit.

Tandis que des auteurs de vaudeville parcouraient les galeries en fredonnant, sur *l'air de la Meunière* ce couplet, d'un de nos plus spirituels chansonniers :

Au Luxembourg, au même instant,
  P...... se transporte ;
Plus d'un Français en murmurant,
  Lui servait d'escorte ;
Et quelques-uns en souriant,
Fredonnaient ce refrain galant :

En sortant du temple, le corbillard prit la route de la barrière d'Enfer ; il était alors accompa-, gné d'une députation de Jésuites, dans laquelle figuraient quelques académiciens : l'idée ne vint à aucun des témoins du convoi de *porter le corps à bras*, et tout le monde marcha en silence. MM. B*** de la Gazette, A*** du journal de Paris, O*** de l'Étoile et D*** du Mémorial catholique, tenaient un des quatre coins du drap mortuaire ; le père infortuné de la victime avait eu le courage d'assister aux funérailles de son enfant chéri..... c'est lui qui conduisait le deuil.

— Et de temps en temps on l'en-

tendait s'écrier d'un ton lamen-
table :

*Elle vécut pour m'aimer, je vis
pour la regretter !*

Arrivé au cimetière du *Mont-
Parnasse*, l'enfant chéri fût dépo-
sé provisoirement dans une fosse
qui avait été préparée à la hâte,
(il y restera sans doute jusqu'à son exhumination, qui ne
doit avoir lieu, dit-on, que l'année prochaine).

Figaro qui, ainsi que sa famille, avait accompagné le corps
de la défunte jusqu'à sa dernière
demeure, pour lui rendre un
dernier et solennel hommage, se
chargea de son épitaphe. Le len-

demain elle parut, sur ses ta-
blettes, la voici telle quelle :

Objet de haine et de colère,
Ci-gît, un malheureux projet,
Lequel avait, dit-on, pour père
Ce bon Monsieur Draconnet :
C'est lui qui lui donna naissance,
C'est lui qui, par son assistance,
Le fit un moment respirer ;
Et quand enfin la mort barbare
Eut frappé cet enfant si rare,
Il se chargea de l'enterrer.

Le soir, toutes les personnes
qui avaient été invitées au convoi
et enterrement de la pauvre loi,
résolurent d'éterniser la perte
sensible qu'elles venaient de faire ;
et afin que le souvenir de la jour-
née du 18 avril, pût passer à la

postérité, il fut résolu à l'unanimité que tout le monde illuminerait sa maison, et que ceux qui n'auraient pas de fenêtre sur le devant, mettraient des lampions sur le derrière, puis qu'on irait danser en rond, à la halle et sur la place Vendôme.

Cependant, lorsque toute une population s'agite pour témoigner sa joie, il est rare qu'un semblable mouvement ne produise pas quelques accidents, aussi en eut-on quelques-uns à déplorer:

Un lampion tomba sur le dos de M. B***, sans faire tache à son habit.

Quelques gendarmes attrapèrent des rhumes de cerveau.

M. O*** du journal de Paris fut blessé au cœur par un éclat.... d'hilarité publique.

M. R....... pensa terminer ses jours par une indigestion que lui causa le bruit des pétards.

Des personnes recommandables manquèrent de mourir de joie, en voyant l'allégresse publique, heureusement que ceux qui la causaient en furent quittes pour la peur.

M. de *** perdit quelque chose en se retirant chez lui;... c'était son amandement.

M. de C... se leva deux heures

plutôt qu'à l'ordinaire, prenant la clarté des lampions pour celle du grand jour, il en fut quitte pour un mal de tête, qui le força de garder le lit.

Une demi-douzaine d'excellences eurent un cauchemar épouvantable toute la nuit.

Une chandelle romaine tomba sur le nez de M. de V... et lui en fit voir mille.

M. O *** aurait été blessé à la tête par un pétard sans l'éteignoir qui lui sert ordinairement de chapeau et qu'il n'avait pas oublié ce jour-là, etc., etc., etc.

Enfin, petit à petit, tout rentra dans l'ordre, et les dernières démonstrations de joie se manifestèrent le lendemain dans la chambre..... *à coucher.*

Pendant toute la soirée de la veille, Paris avait semblé être tout en feu, et quelques hôtels purent seuls être accusés de froideur. A l'exception des nombreux accidens que nous venons de citer (il est vrai), l'ordre le plus parfait régna partout. C'était comme une fête de famille dont le nom du chef auguste fut béni un million de fois. C'est assez dire que le cri de *vive le Roi* se fit entendre .....

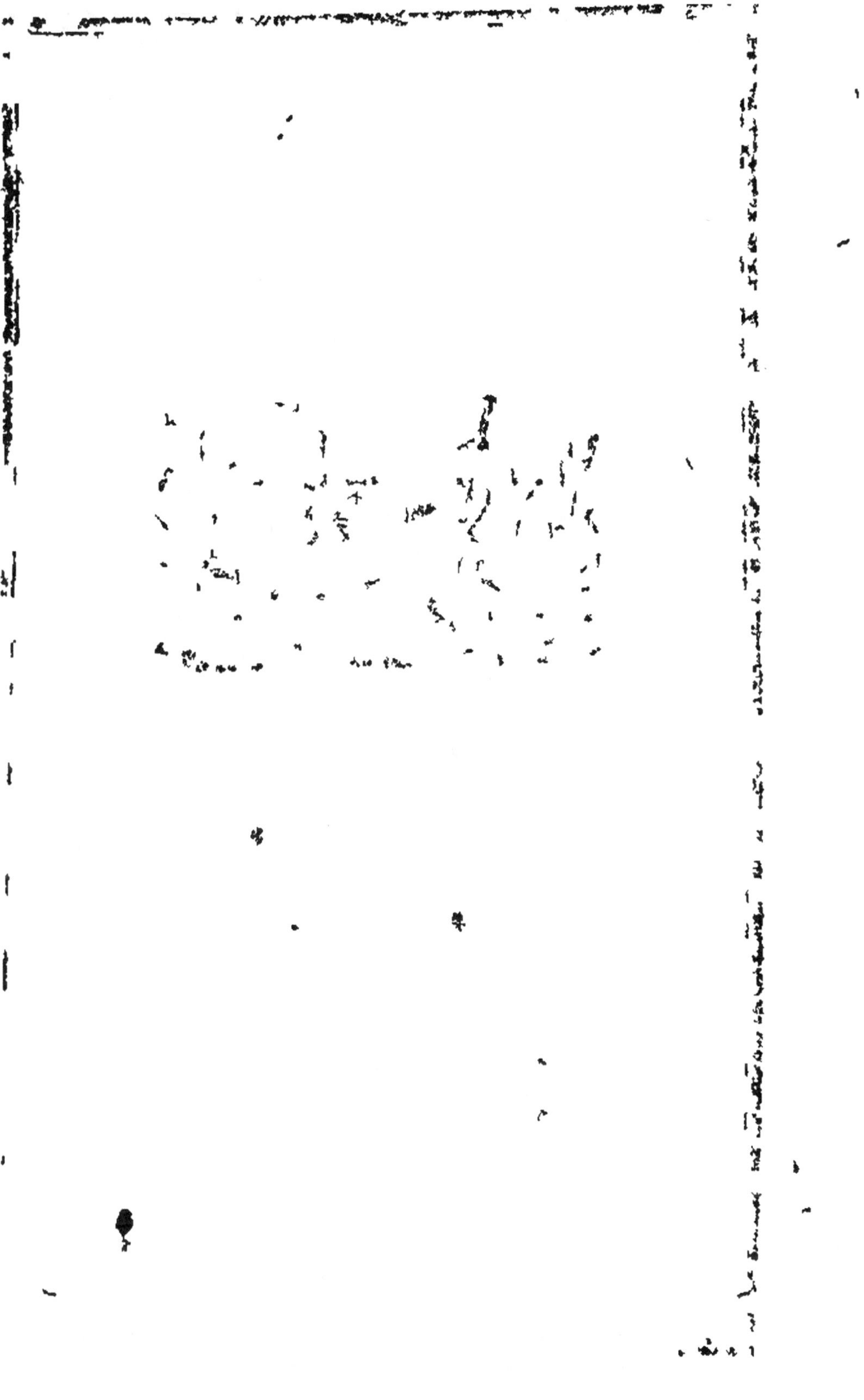